शहर में नये हो तुम

Dr.Laksh

BookLeaf Publishing
India | USA | UK

Made with ❤ on the BookLeaf Publishing Platform
www.bookleafpub.in
www.bookleafpub.com

Dedication

उन सभी लोगों के लिए
जो अक्सर कहते थे –
"*कहीं लिख लेना इसे, खो न जाए...*"

Preface

"शहर में नये हो तुम"

इस किताब को मैंने नहीं लिखा —ये खुद-ब-खुद लिखती गई।
हर कविता, किसी पल का चुपचाप दस्तावेज़ है –
जो मैंने बस दर्ज कर दिया। 'मुझे नहीं लगता मैं कोई 'लेखक' हूँ।
मैं बस वो सब महसूस करता गया,जो मेरी राहों में आया —कभी एक अजनबी की मुस्कान,
कभी किसी शाम की थकान,
कभी एक शहर की चुप्पी,
या कभी अपनी ही उलझन।
शायद आपने इनमें से कई चीज़ें पहले भी महसूस की हों –
कई बातें जानी-पहचानी सी लगें —और अगर लगें, तो ये सबसे बड़ी जीत होगी।
क्योंकि तब ये सिर्फ मेरी कविताएँ नहीं रह जाएँगी –
फिर ये हमारी होंगी।

Acknowledgements

यह किताब अनायास शुरू हुई –कभी डायरी के कोनों पर,
कभी फोन की नोट्स में,और धीरे-धीरे यह शब्द अपना आकार लेने लगे।
मैंने नहीं सोचा था कि ये कविताएँ कभी किताब बनेंगी,लेकिन शायद हर पंक्ति कहीं न कहीं किसी पाठक का इंतज़ार कर रही थी।
आपका धन्यवाद –
क्योंकि आपने न सिर्फ इन्हें पढ़ा,बल्कि इन्हें महसूस भी किया ।अगर कहीं कोई पंक्ति थोड़ी देर आपको रोक पाई,
या किसी शब्द में आपने खुद को पहचाना,तो मेरी चुप्पियों को आवाज़ मिल गई।
आपके बिना यह किताब अधूरी रहती।

1. पतझड़ की बात

मौसम बदला है, अब पतझड़ को देखो,
कहाँ ले आई है तुम्हें ये ज़िंदगी, देखो।
ख़ैर, नए शहर में कोई ठिकाना तो मिला,
अब घर से निकलने का कोई बहाना तो देखो।

वो जो ख्वाब थे, अब किस्से बनते देखो,
कुछ अपने थे, उन्हें रिश्ते बनते देखो।
एक चाय, चार दोस्त, वही रोज़ की बातें,
हर मोड़ से जुड़ी यादों को गुज़रते देखो।

मुस्कुराहटों के पीछे छुपी हर बात को देखो,
अलविदा कहती हर मुलाक़ात को देखो।
कितनी कसमें, कितने वादों में बंधा था दिल,
वक़्त के साथ छूटते हर हाथ को देखो।

मौसम बदला है, अब पतझड़ को देखो,
कहाँ ले आई है तुम्हें ये ज़िंदगी, देखो।
ख़ैर, नए शहर में ठिकाना तो मिला,
अब घर से निकलने का कोई बहाना देखो।

2. डोर/लिफाफा

कुछ किताबों को समेट कर सिरहाने के पास रखा है,
इसके अलावा मेरे कमरे में क्या ख़ास रखा है?
अपना सामान बाँधे रखा है नए सफ़र के लिए,
और एक डायरी है जिसमें ये सारा एहसास रखा है।

कुछ तस्वीरों को अलमारी के पास रखा है,
मानो सूखे हुए गुलाब का इतिहास रखा है।
कुछ हैं ख़त, जिनमें नाम लिखना बाकी,
और एक कलम है जिसे उदास रखा है।

एक पतली सी डोर को थामे रखा है,
यु कहों एक रिश्ता अब भी बनाए रखा है।
ये पढ़ना, लिखना, ये डायरी, शायरी – सब दिखावा है,
यूँ कहो, तुम्हें याद करने का एक ठिकाना रखा है।

तेरे हिस्से की यादों को यहीं पास रखा है।
यूँ कहो, हल्के से मन पर कोई भार रखा है।
लगते लगते लग जाएगा दिल और भी कहीं,
मैंने भी न जाने कितने वहमों को पाल रखा है।

कुछ किताबों को समेट कर सिरहाने के पास रखा है...

3. नकाब

चलते चलते तुम थक क्यों नहीं जाते,
थक गये तो थोड़ी देर रुक क्यों नहीं जाते।
यूँ अनजान शहर में अकेले रहना ज़रूरी है?
अगर हो तन्हा तो अपने घर क्यों नहीं जाते।

है तनख्वाह जो कभी खर्च नही कर पाते
एक नौकरी जो कभी पसंद नही कर पाते
मकान से काम और काम से मकान लौट आते हो,
तुम इस पिंजरे को आखिर तोड़ क्यों नहीं पाते?

कभी ख़्वाब सताते, कभी सायों से डर जाते हो,
हर मोड़ पर एक उलझन लिए नज़र आते हो।
चेहरे पे हँसी, और दिल में शोर लिये बैठे हो,
आख़िर क्यों ये तमाशा हर बार दोहराते हो?"

यूँ अनजान शहर में अकेले रहना ज़रूरी है?
अगर हो तन्हा तो अपने घर क्यों नहीं जाते हो।...

4. झूठी ही सही

ख़ामोश हो जाता हूँ हर बार इस सवाल पर,
"जल्दी आओगे ना इस बार लौटकर?"
मैं भी मुस्कुराकर सिर हिला देता हूँ,
झूठी ही सही, घर को तसल्ली दिला देता हूँ।

नया शहर, नया ठिकाना – ना जाने कैसा होगा,
तीन वक़्त का खाना तो ठीक से खाता होगा।
मैं भी मुस्कुराकर घर कि हाँ में हाँ मिला देता हूँ,
झूठी ही सही, घर को तसल्ली दिला देता हूँ।

मेरे नाम की थाली अब भी पूरी सजाती होगी,
हर निवाले में मेरी पसंद छुपाती होगी।
चिट्ठियों की ख़ुशबू से दिल बहला लेता हूँ,
झूठी ही सही, घर को तसल्ली दिला देता हूँ।

दीवारों पे टँगे कैलेंडर से आँखें चुराता रहता हूँ,
हर तारीख़ पर लौटने का वादा सुनाता रहता हूँ।
काम बहुत है, कहके चुप सा हो देता हूँ,
झूठी ही सही, घर को तसल्ली दिला देता हूँ।

5. आईना

यूँ जो तुम तारों को तकते रहते हो,
ये बताओ – आसमान के क्या लगते हो?
कोई है या कोई आने वाला है,
ये दरवाज़ा क्यों खुला रखते हो?

हर किसी से छुपाते हो हाल अपना,
दिल में कितने सवाल दबाए रखते हो?
चंद काग़ज़, चंद तस्वीरें, कुछ ख़त,
अब भी क्या तुम उन्हें बचाए रखते हो?

हर सवाल का जवाब सवाल में देते हो,
ख़ामोशी को ज़ुबाँ क्यों बनाए रखते हो?
ये जो हाल ख़ुद बना लिया है अपना,
यूँ आईने से क्यों बेवजह लड़ा करते हो?

6. हार

शाखों से गिरे फूलों को फिर सजाता कौन है
बिखरी हुई कहानी को फिर बताता कौन है
जीतने वालों को कांधों पे बिठा रखा है लोगों ने
यहाँ हारे हुए को गले से लगाता कौन है?

हर किस्सा वही है जो जीत तक पहुँचा,
जो आधे में टूटा उसे सुनाता कौन है?
जो रुक गए थे थक कर इस दौड़ में कहीं,
उन पैरों के छालों को दिखाता कौन है?

जो धूप में खड़े रहे, तानों से अड़े रहे,
उन भीड़ में जले दिलों को बुझाता कौन है?
जो वक़्त की मार से अकेले लड़े रहे,
उन टूटे हुए हौसलों को उठाता कौन है?

शाखों से गिरे फूलों को फिर सजाता कौन है

7. मिट्टी से बने लोग

बेहतर माँगने वाले, बेहतर चाहने वाले,
क़ीमत अदा कर, क़ीमत ख़रीदने वाले।
कहाँ गए हैं वो, कहाँ हैं उनके निशान?
मिट्टी से बने लोग, मिट्टी में मिलने वाले।

हाथ चलाने वाले, लोहे को धार देने वाले,
जलती बस्तियों पर अपनी रोटियाँ सेंकने वाले।
क्या लपटों में इनके भी मकान आते होंगे?
दिलों में आग लगाकर, लोगों को भड़काने वाले।

भीड़ से आगे चलने वाले,
सवालों से सिंहासन तोलने वाले।
क्या वक़्त की गर्द में कहीं खो गए होंगे,
सच के लिए सबसे पहले लड़ने वाले?

रातों को जागते, नींदों में गुम हो जाने वाले,
काग़ज़ों में उलझे, ख्वाबों की कश्ती बनाने वाले।
ये सब देखकर भी कैसे चुप रह जाते हो?
मिट्टी से बने लोग, मिट्टी को भूलने वाले।

8. धुल

धुल जमा हो गई जिन फूलों पर
वो कभी खुशबु से महका करते थे
के बन गये जो दाग मेरे चहरे पर
यारों वो कभी रंग हुआ करते थे

मुद्दतों बात बंजर जमीन को देखा
जो कभी मीठे झरने हुआ करते थे
किस तरह वक्त बदल देता है लोगों को
जो है गैर वो कभी अपने हुआ करते थे

जो आईने से सवाल करने लगे हैं,
वो चेहरे कभी मुस्कुराया करते थे
छाँव में बैठकर जहा सुकून मिलता था,
अब उन्हीं दरख्तों के साये डराया करते हैं।

धुल जमा हो गई जिन फूलों पर
वो कभी खुशबु से महका करते थे

9. शहर में नये हो तुम

ये जो आसमान को ताकते रहते हो,
यूँ जो तारों से बातें करते हो,
लगता है इस ज़मीन के नहीं हो तुम,
यूँ जो उड़ने की बातें करते हो।

लोगों से यूँ मासूम मुलाक़ातें करते हो,
हर बात में मोहब्बत की बातें करते हो,
लगता है शहर में नए हो तुम,
यूँ जो वफ़ा की उम्मीदें करते हो।

कभी अपना, तो कभी पराया-सा लगता है,
हाँ, माना कि ये शहर हर रोज़ नया-सा लगता है।
थोड़ा रुककर जानना इस शहर को तुम,
ये शहर जालसाज़ियों से भरा-सा लगता है।

शायद कुछ दिन में तुम भी बदल जाओगे,
इन गलियों के रंग में घुल जाओगे।
फिर ना आसमान देखोगे, ना तारों से बातें करोगे,
यूँ ही भीड़ में एक चेहरा बनकर रह जाओगे।

10. कमरे में कैद

अंदर कुछ और, बाहर कुछ और-सा दिखता है,
कुछ खाली है, कुछ अधूरा-सा लगता है।
ना जाने कैसी उलझनों में घिरा है दिल,
कमरा चाहे जितना सधा हो – बिखरा-सा लगता है।

ये जो घर के अंदर-बाहर भटकता रहता है,
बेवजह कपड़ों पे जमी धूल झटकता रहता है।
ना जाने कब से ख़ुद को ही बाँधे रखा है,
आईनों में अब ख़ुद से ही खटकता रहता है।

चेहरे पर लगा रंग भी बेरंग-सा दिखता है,
ना जाने क्यों वो हर रोज़ एक-सा लगता है।
कहीं कुछ हादसा हो, तो कुछ नया लिख पाए,
वरना यूँ कमरे में क़ैद – आज़ादी पर लिखता है।

11. फिर वही ज़ख़्म

फिर वही ज़ख़्म उभर पुराना आया है,
वो ना आया, मगर एक बहाना आया है।

जताने का कभी था ही नहीं हक़ अपना,
क्या करें, जो ख़त में उसका ठिकाना आया है।

मुद्दतों बाद जो ख़ुशबू घुली है हवा में,
सुना है – शहर में वो फिर वापस लौट आया है।

उसका ना मिलना ही बेहतर था शायद,
तुम्हें तो कहाँ इश्क़ निभाना आया है।

जिसके लिए बैठे हो फिर कलम लिए,
देखो तो सही – वो अजनबी बन आया है।

फिर वही ज़ख़्म उभर पुराना आया है...

12. पहला क़त्ल

जनाब, सज़ा दीजिएगा मुझे क़त्ल की,
अपने ही सपनों का गला घोंटकर आया हूँ।
बड़ी बेरहमी से ख़ुद को दफ़ना कर,
किसी अनजान शहर में चला आया हूँ।

एक सर्द, ख़ामोश शाम में,
ना कोई चीख़, ना कोई गवाह – छोड़ आया हूँ।
जो ज़िंदा बचा – वो जिस्म है शायद,
वरना रूह तो कब की ख़ाक कर आया हूँ।

अपने वजूद का एक हिस्सा पीछे छोड़ आया हूँ,
नए रास्तों से वही पुराना मोड़ ले आया हूँ।
सोचा था नए शहर में नई पहचान होगी,
पर जिससे भागा था – वही चेहरा साथ लाया हूँ।

13. जो हूँ, जैसा हूँ

कुछ दिन खुद की कैद में रहा,
कुछ दिन खुद के पास में रहा।
सुन न ले टूटने की आवाज़ कोई,
कुछ दिन खुद के शोर में रहा।

कुछ दिन सवालों से डरता रहा,
कुछ दिन जवाबों से बचता रहा।
पूछ न ले कोई राज़ बीमार का,
कुछ दिन खुद से ही कटता रहा।

कुछ दिन नींदों से भी मुँह मोड़ता रहा,
हर करवट से कोई किस्सा जोड़ता रहा।
कि छूट न जाए कोई और साथ,
हर रिश्ते से मुँह मोड़ता रहा।

कुछ दिन खुद से डरता रहा,
हर एहसास को आँखों में भरता रहा।
अब न शिकवा है, न कोई सवाल बाकी,
जो हूँ, जैसा हूँ – खुद को वैसे ही सहता रहा।

14. मात

रौशनी को आँखों में जलाए रखना,
अब इसके बाद बस रात ही रात होगी।

ठहरी हुई घड़ियाँ, रुका हुआ सा वक़्त,
अब हर लम्हे में कोई तन्हा बात होगी।

दीवारें भी अब चेहरों को पहचानेंगी,
आईनों में बस अपनी ही ज़ात होगी।

साँसों की ख़ामोशी अब चीख़ बन जाएगी,
और दिल की धड़कन में दबी सी मात होगी।

फिर भी उस वीराने में ख़्वाब बचाए रखना,
क्या ख़बर – इन टूटे लम्हों से फिर एक शुरुआत होगी।

15. चंद साँसें

अपने आप को ये यक़ीन दिलाते रहे,
ज़िंदगी को हर बार ज़ालिम बताते रहे।
जब गले लगाने आई मौत सामने से,
तो चंद साँसों के लिए ही झटपटाते रहे।

ये नाकाम कोशिश आख़िर किस लिए?
बेरुख़ है ज़िंदगी – तो फिर खौफ़ किस लिए?
ख़ुद से ये सवाल हर रोज़ उठाते रहे,
और चंद साँसों के लिए ही झटपटाते रहे।

क्या हमने हर लम्हे को यूँ ही गवाते रहे,
क्या साँसों को भी इक सौदा बनाते रहे,
क्या ज़िंदगी बस इक बोझ थी काँधों पर,
जिसे उठाने से हम हर रोज़ घबराते रहे?

कब से इस डर को सीने में छुपाते रहे,
हर रोज़ ख़ुद से ही नज़रें चुराते रहे।
जब गले लगाने आई मौत सामने से,
और चंद साँसों के लिए ही झटपटाते रहे?

16. अंत

अंत अगर मौत है, तो डरे भला किस चीज़ से,
मरा हुआ वही यहाँ, जिया है जो ख़ौफ़ से।
कौन लाश, कौन ज़िंदा – भेद कौन कह सका,
आग में जले बिना, कौन पार हो सका।

किसे मिला सुकून, इस भटकती भीड़ में,
हर कोई उलझा रहा, किसी न किसी पीड़ में।
जिसने खुद से कभी, कोई सवाल कर लिया,
उसने ही आख़िर, अंत का हल कर लिया।

मिट्टी के इस तन में, बस धूप-सी जान है,
आनी-जानी साँस ही, पहचान और थकान है।
जो इस भ्रमजाल से, खुद को अलग कर गया,
वो ही मोह-माया को, तोड़कर तर गया।

मुक्त वही, जो क्षण में स्थित रह सका,
जो झूठ ठुकराकर, सत्य को कह सका।
जिसने जगत को बस, प्रवाह समझा,
वो ही अंत में, निर्वाण तक पहुँच सका।

17. चकोर

किसी ने चाँद देखा, किसी ने दाग़ देखा,
हैरान हूँ – चकोर ने अलग-सा क्या देखा?
कमियों-ख़ामियों से क्या फ़र्क पड़ता है,
चलो अच्छा है, किसी ने उस पार देखा।

जहाँ लोगों ने देखी बस रुखी सतह,
क्या कभी किसी ने उसका तल भी देखा?
हर किसी ने अपने तराज़ू में तोला –
अच्छा है, किसी ने उस नज़र के पार देखा।

18. दस्तक

कहाँ तक है ये हमारा, ये साथ बता,
इसके बाद भी क्या होगी मुलाक़ात, बता।
हो तेरा हाथ मेरे हाथों में इस क़दर,
इसके बाद भी क्या होगी ऐसी रात, बता।

कहाँ तक है तुझे इस रिश्ते की मालूमात, बता,
कहना चाहता है मुझसे – वो बात, बता।
एक तेरी ही है दस्तक इन दरवाज़ों पर,
इसके बाद भी क्या होंगे ऐसे हालात, बता।

कह भी दे – न रह जाए कोई बात दबा,
कहीं खो न जाए ये रिश्ता बेआवाज़, बता।
अब भी कुछ बाकी है तेरी मेरी दरमियाँ,
इसके बाद भी क्या होगा कोई जज़्बात, बता।

19. अब जो कोई आया

राह मिलते ही अकेला निकल जाएगा,
वो अगर रुका भी – तो किधर जाएगा?
शीशे से बना है वो, और पत्थर का दिल है,
अगर दिल धड़का भी – तो वो बिखर जाएगा।

अब दुखड़े को किसी से कह न पाएगा वो,
जो चुप रहा – तो शायद सँवर जाएगा।
हर मोड़ पे छूटते रहे न जाने साथ कितने,
अब जो कोई पास आया – तो वो मुखर जाएगा।

20. परिजात

खिल जाते हैं रात को परिजात की तरह,
कुछ फूलों को सूरज भाता नहीं।
चाहे कितने भी पिंजरे बना ले आप,
कुछ परिंदों की आँखों से आसमां जाता नहीं।

21. उम्मीद की रेत

ख़ाली कमरों में दीवारों का दिल बहलाया करता हूँ,
मन बिखरा हो तो मेज़ पर फूल सजाया करता हूँ।

छत से टपकते सन्नाटों को गीत सुनाया करता हूँ,
जब धूप न आए, तो यादों का दीया जलाया करता हूँ।

वक़्त की रेत पर उम्मीदों का एक घर बनाया करता हूँ,
कोरे काग़ज़ों पर जज़्बातों का रंग सजाया करता हूँ।

जो लम्हे गुज़र गए, उन्हें महक बना के रखता हूँ,
हर दिन तन्हा होकर भी मुस्कुराया करता हूँ।

घर आकर अपनी परछाई को पास बिठाया करता हूँ,
शहर से छूट, अपना अलग शहर बसाया करता हूँ।

22. नयी सुबह

औरों के मुताबिक जियी ज़िंदगी,
ये दिल तेरा थकना ज़रूरी था।
दूसरों के ख़्वाबों में आँखें खोली,
ये दिल तेरा डरना ज़रूरी था।

चल अब अपने अक्स को ढूँढ,
जिस पर हक़ बस तेरा हो।
चल अब कोई कहानी बुन,
जिसमें किरदार सिर्फ तेरा हो।

अब ना कोई परछाई साथ चले,
ना सोच किसी और की साथ चले
ना कोई रिवायत, ना कोई पैमाना,
अब दिल में सिर्फ दिल की बात चले।

23. जाने कौनसा वो पागल है

राहगीरों को ताने मारे – कौन-सा वो पागल है,
मंदिर–मस्जिद में भेद न जाने – कौन-सा वो पागल है।

गले में तावीज़, हाथ में माला – आँखों में कोई नूर पुराना,
भूखा रहे कई रोज़ मगर – बाँटे सबको खाना।

गुरुद्वारे में लंगर खाता, फिर गिरजाघर में सो जाता,
कैसी ऊटपटांग हरकत करता – जाने कौन-सा वो पागल है।

कभी क़ुरआन के हर्फ़ों में उसे मीरा की तान सुनाई ,
कभी तुलसी के दोहों में – रसूलों की बात दिखाई ।

शक्ल-सूरत में भेद ना जाने ,हर किसी को एक नाम से पुकारे,
अपनी धुन में मस्त मगन – जाने कौन-सा वो पागल है?

24. सवाल उठाना बाकी

आज अर्थियाँ फिर चल पड़ीं,
ये मोमबत्तियाँ फिर जल पड़ीं,
आवाज़ उठाना भूल गए लोग –
देखो, कहानी फिर पिघल पड़ी।

कल मैं, आज तुम, फिर और होंगे,
ये क़िस्से यहीं पे खत्म न होंगे,
आज जो सवाल उठाना भूल गए दोस्त –
मुमकिन है, फिर अख़बारों में नए चेहरे होंगे।

सड़क पर पड़े वो आँसू फिर सूख जाएँगे,
चंद हैशटैग फिर झूठा शोर मचाएँगे,
इंसाफ़ का नाम फिर से उछाला जाएगा –
फिर किसी की मौत पर वोट बटोरे जाएँगे।

दीवारों पे कुछ नारों की स्याही छूट जाएगी,
वो तस्वीर भी अब फ्रेम से उतर जाएगी,
जो चुप थे – वो फिर चुप ही रह जाएँगे,
और जो बोले थे – वो भी थक कर लौट जाएँगे।

सोच लो – कब तक कंधों पर जनाज़े उठाओगे,
हर बार बस हैशटैग से क्या बदल पाओगे?
आज जो सवाल नहीं पूछे तुमने –
कल वही ख़ून तुम्हारे दरवाज़े तक आएंगे।

25. चिराग

रातों में भी मैंने चिराग जलाए रखा,
हर अँधेरे से ख़ुद को बचाए रखा।
इन सहारों की कीमत जानता हूँ मैं,
तभी हर कंधे से आँसू बचाए रखा।

हर ग़म को हँसी से दबाए रखा,
हर ज़ख़्म को जिस्म पर सजाए रखा।
हक़ीक़त मालूम मुझे इन हमदर्द चेहरों की,
यूँ ही नहीं इस भीड़ से ख़ुद को बचाए रखा।

26. कवि नहीं, कविता बनना चाहता हूँ

कवि नहीं, कविता बनना चाहता हूँ,
किसी की डायरी का पन्ना बनना चाहता हूँ।
कहीं न कहीं, कभी तो कोई याद करे,
मैं भी किसी का इंतज़ार बनना चाहता हूँ।

कैसी है दुनिया कलम के उस पार,
बस एक बार जानना चाहता हूँ।
कोई तो रंग बिखेरे शाही के मुझ पर,
मै भी पहली किरण का ख़याल होना चाहता हूँ।

शब्दों की तरह किसी की साँसों में घुलना चाहता हूँ,
किताबों की तरह किसी के सिरहाने होना चाहता हूँ।
कितनी बार देखा है बिखरा हुआ आईना,
किसी और की नज़र से खुद को देखना चाहता हूँ।

कवि नहीं, कविता बनना चाहता हूँ......

27. झूठे रंग

हर इतवार को अपनी शक्ल बदल रहे हैं,
हर एक राहगीर से मुस्कुराकर मिल रहे हैं।
कि पकड़ी न जाए हमारी ये छोटी-सी चोरी,
हम दुनिया के सामने नए रंग भर रहे हैं।

सच छुपाने को चेहरों पे नक़ाब रखे हैं,
और हर नक़ाब के पीछे हम बिखर रहे हैं।
कि कोई न ढूँढ पाए हमारे ठिकाने को,
हम शहर में किराये के मकान बदल रहे हैं।

ये काम हम बड़ी आसानी से कर रहे हैं,
अपना नाम कागज़ों पर कम कर रहे हैं।
लोगों से घिरे हों चाहे जितने भी मगर,
अपने जज़्बात स्याही से बिखेर रहे हैं।

28. टटोल कर चलो

ज़रा हक़ीक़त में भी क़दम रख के चलो,
अख़बार की सुर्ख़ियों को भी पढ़ कर चलो।
किताबों के सहारे कब तक उम्र कटेगी?
कभी जेब के सिक्कों को टटोल कर चलो।

हर रोज़ सच उगलना क्या कोई फ़र्ज़ है?
हर ज़ख़्म को कुरेदना क्या कोई मर्ज़ है?
यूँ हर किसी से बैर लेकर कैसे चलेगा?
कभी-कभार झूठ भी निगल कर चलो।

कभी रौशनी से मुँह मोड़ कर चलो,
अंधेरों में भी कोई दीप जोड़ कर चलो।
ज़िंदगी सिर्फ़ सही और ग़लत नहीं होती,
कभी अपने उसूल भी तोड़ कर चलो।

29. कल तक

लफ़्ज़ अगर सब बयाँ कर पाते,
तो इतनी ज़ुबानों की ज़रूरत न होती।
अँधेरी रातों में अगर मिल जाती उम्मीद,
तो इतने चिराग़ों की ज़रूरत न होती।

अगर थाम सको किसी का हाथ, तो थाम लेना,
अकेलेपन के साये से उसे छुड़ा देना।
मंज़िल तक का साथ हर कोई नहीं ढूँढता,
बस अगली सुबह तक की तसल्ली उसे दिला देना

30. तलाश

किस सच की तलाश में भटक रहा है तू,
किस झूठ की छाँव में सिमट रहा है तू।
कभी तो खोल अपने दरवाज़े, ऐ दिल,
क्यों भीतर ही भीतर सुलग रहा है तू।

कौन-सी आग है, जो रातों में जला देती है,
कौन-सी चुप्पी है, जो बरसात में रुला देती है।
कौन-सा राज़ है, जो लफ़्ज़ों में नहीं उतर पाता,
कौन-सा सपना है, जो नींद से भी नहीं जाता।

किस मौज में बह रहा है तू,
किस लहर से डर रहा है तू।
कभी तो दिल के समंदर में उतर,
देख, किस मोती को तरस रहा है तू।

31. काश

कहीं कुछ नया बनाया तो टूटने का डर भी है,
माना अगर बिखरा भी तो लौटने को घर भी है।
शायद लौट जाना ही सबसे बेहतर हो,
पर हर "काश" के पीछे एक "मगर" भी है।

32. लौट चल

अंजान शहर में ये दिल तेरा ठिकाना बहुत हुआ,
अब चल घर की ओर, ये आज़ादी का बहाना बहुत हुआ।
यूँ आईना बनकर अपना तमाशा दिखाना ज़रूरी है क्या?
छोड़ भी दे उसे, वो किस्सा पुराना बहुत हुआ।

33. एक आम-सी बात थी

पुराने दिनों की बात थी,
एक पुरानी-सी तस्वीर थी।
डूबने का डर था,
और समंदर-सी गहरी बात थी।

उन दिनों की ख़ुशबू
आज तक मुझसे लिपटी है,
एक आम-सा शहर था,
एक आम-सी बात थी।

34. ख़ुद से दूर

ना पैरों में समंदर की रेत बची है,
ना कपड़ों पर पहाड़ों की धूल।
घर से कुछ और बनने निकला था,
ना जाने कहाँ गया वो रस्ता – भूल।

ना अब पहले सा लिखता हूँ,
ना अब पहले सा दिखता हूँ।
अब क्या बात करूँ ज़मीर की,
जब हर महीने तनख़्वा पे बिकता हूँ।

35. अधूरे जवाब

अजीब सी दिलकशी होती है खामोश रातों में,
प्यार को पाया है मैंने अक्सर सन्नाटों में।
शायद इसलिए सुकून है खाली मकानों में,
वरना मसले खड़े हो जाते हैं बातों बातों में।

जो भी मिला वो अधूरा था कुछ सवालों में,
न जाने क्या था छिपा हर बार ख़यालों में।
कभी तन्हा लगे भीड़ में, कभी भीड़ लगे तन्हाई,
जैसे खुद से खुद की लड़ाई हो इन हालों में।

अब बातें नहीं करता मैं दिल के फसानों में,
कभी ठोकर खाई, कभी बह गया बहानों में।
वक़्त ने सिखाया है चुप रहना ज़ुबानों में,
वरना लफ्ज़ों से आग लग जाती है आशियानों में।

36. चाय

ये जो मेरे होंठों पे काले छाले हैं,
सिगरेट नहीं, बस चाय के हवाले हैं।

ये जलन नहीं, ये मोहब्बत की निशानी है,
हर बुलबुले में लफ़्ज़ उबाल कर निकाले हैं।

सुबह की किरण से लेकर रात की थकान तक,
पास मेरे चाय पीने के सौ बहाने हैं।

अब कहें लोग चाहे आदत या दीवानगी,
यूँ समझो, चाय की दुकान ही मेरे मयख़ाने हैं।

37. कागज़ का दिल

कागज़ से बने दिल, दिल कागज़ के जैसे,
आग से जज़्बात इस पर लिखूँ भी तो लिखूँ कैसे।
अधूरी सी कविता, कविता अधूरापन जैसे,
अब इस ख़ूबसूरती को तोड़ूँ भी तो तोड़ूँ कैसे।

शब्दों का समंदर, लहरों की खामोशी,
डूबते सपनों में घुलती बेहोशी।
और किनारे पे पड़ी यादों की अर्थियाँ,
अब इन्हें बहाऊँ भी तो बहाऊँ कैसे।